JN423052

세계를 보는 눈을 길러주는

세계 문화 탐험 프로그램

세계사 여행

7

근세 - 문화권의 확장

역사 전문 프로그램

감돌역사교실

세계사 여행 〈7호 수업안내문 | 근세 – 문화권의 확장〉

제목	학습목표	학습내용
1차시 유럽 문화권	· 르네상스를 통해 크리스트교 세계에서 벗어나 변화하는 유럽의 움직임을 이해한다. · 신항로를 찾아 나선 유럽인과 그로 인해 세계사에 등장한 아메리카 대륙을 이해한다.	01 르네상스(부활, 재생) 02 르네상스를 이끈 세 예술가 03 신항로를 찾아 떠난 탐험가들 04 세계에 알려진 아메리카 대륙
2차시 이슬람 문화권	· 오스만튀르크 제국을 중심으로 발전한 이슬람 세계에 대해 이해한다. · 아프리카 이슬람 세계의 중심 송가이 왕국을 이해한다.	01 오스만튀르크 제국 02 이스탄불, 이슬람 세계의 중심 03 바자르, 동서교류의 중심 04 송가이 왕국, 아프리카 이슬람 세계
3차시 인도 · 동남아시아 문화권	· 무굴 제국의 문화유산을 통해 이슬람교와 힌두교가 융합된 문화를 이해한다. · 동남아시아 국가들의 발전과 신항로 개척으로 유럽의 최초 식민지가 된 믈라카 왕국을 이해한다.	01 인도의 새주인, 무굴 제국(1526~1857) 02 무굴 제국의 예술, 타지마할 03 동남아시아 나라들 : 타이와 베트남 04 다양한 문화권의 공존, 믈라카 왕국
4차시 중국 · 동아시아 문화권	· 중국 명 · 청 제국의 문화유산인 자금성을 통해 명 · 청 제국의 발전상을 이해한다. · 임진왜란의 발생 배경과 그 이후 교류의 과정을 통해 동아시아 국제질서를 이해한다.	01 한족의 나라, 명(1368~1644) 02 동아시아 전쟁, 임진왜란(1592~1598) 03 자금성의 새주인, 청(1636~1912) 04 동아시아 문화권, 새로운 교류

이 달에 배우는 세계사 연표

1299	오스만튀르크 제국 건설
1350	아유타야 왕국 성립
1368	중국 명나라 건국
1392	조선 건국
1428	베트남, 레왕조 성립
1453	비잔티움 제국 멸망
1492	콜럼버스, 아메리카 항로 발견
1498	바스쿠 다가마, 인도 항로 발견
1511	포르투갈, 믈라카 왕국 점령
1526	무굴 제국 성립
1592	임진왜란
1603	일본 에도 막부 시작
1631~1653	타지마할 건설
1644	중국 청나라 건국

1 유럽 문화권

학습목표

- 르네상스를 통해 크리스트교 세계에서 벗어나 변화하는 유럽의 움직임을 이해한다.
- 신항로를 찾아 나선 유럽인과 그로 인해 세계사에 등장한 아메리카 대륙을 이해한다.

학습내용

01 르네상스(부활, 재생)

02 르네상스를 이끈 세 예술가

03 신항로를 찾아 떠난 탐험가들

04 세계에 알려진 아메리카 대륙

공부하고 지도에 표시하기

01 르네상스(부활, 재생)

이탈리아에서 인간 중심의 고대 그리스 · 로마 문화를 부활하자는 문화 운동인 르네상스가 일어난 배경을 알아봅시다.

이탈리아에서 일어난 르네상스

출생에서 결혼, 죽음까지 크리스트교를 중심으로 살던 중세 유럽 사람들은 십자군 원정을 통해 ㉠동방의 문화를 접한 후 변화를 맞이했다. ㉡유럽 사람들은 십자군 원정 후 동방의 문화를 서유럽에 전달하는 통로에 위치한 이탈리아로 모여들었다. 1300년대 초 활발한 무역 활동으로 부유해진 이탈리아 북부 지역에는 고대 그리스처럼 자유롭고 독립적인 도시 국가들이 생겨났다. 이탈리아 사람들은 부와 자유가 생기자 도시에 남아 있던 고대 그리스 · 로마 문화에 관심을 가졌다.

"얼마 전에 로마 시대 유적 발굴 현장에서 조각상이 발견됐는데, 머리카락과 근육까지 어찌나 섬세하게 표현했는지 진짜 시체인 줄 알았다니까."

"조각상이 옷을 벗고 있어 불경스러웠지만 인간의 몸이 얼마나 아름다운지 느낄 수 있었어. 그리스 · 로마 신전도 우상 숭배이긴 하지만 아름다운 건축물임에는 틀림없어."

이제 이탈리아 사람들은 신의 권위만 강조하고 인간을 죄인 취급하는 중세 유럽 사회가 답답하게 느껴졌다. 신이 아니라 인간 중심의 생활을 다시 찾고 싶은 의지가 강해지면서 인간의 아름다움을 표현한 그리스 · 로마 문화에 관심을 갖고 연구하기 시작했다. 이러한 움직임을 '르네상스'라고 부른다. 르네상스는 학문이나 예술의 부활, 재생이란 뜻으로, 유럽의 전통 문화인 고대 그리스 · 로마 문화를 부활한다는 의미를 담고 있다. 이탈리아에서 시작된 르네상스는 프랑스, 독일, 영국 등 전 유럽으로 퍼져 나가 근대 유럽 문화의 기반이 되었다.

르네상스 미술과 건축

중세 미술은 크리스트교의 성인들을 강조해 그린 반면, 르네상스 화가들은 인간에게 관심을 갖고 고대의 역사와 신화 등 다양한 주제의 그림을 가깝고 먼 것을 사실적으로 표현해 가며 그렸다. 중세 건축물은 하늘에 가까이 가고자 하는 열망을 담아 높이 솟은 첨탑의 교회 건축이 대부분이었다. 하지만 르네상스 시기에는 안정감 있고 균형미를 지닌 그리스 · 로마의 건축 양식이 다시 나타나 중세의 첨탑과 고대 로마의 돔이 혼합된 새로운 양식으로 교회, 궁전, 저택과 같은 건축물을 지었다.

미켈란젤로 '천지창조' 중 아담의 탄생

>> 1 맨 처음 르네상스가 시작된 이탈리아를 살펴봅시다.

1. ㉠동방의 문화는 어느 문화를 가리키나요?
2. 사람들이 ㉡처럼 이탈리아에 모여든 이유는 무엇일까요?
3. 지도에서 이탈리아 도시 국가들을 찾아보세요. 이곳에서 르네상스가 시작된 이유는 무엇일까요?

>> 2 다음 장면을 찾아보며 중세의 그림과 르네상스의 그림을 비교해 보세요. 다음 사람들은 르네상스 그림을 본 후 무엇이라고 말했을까요?

중세

성모와 아기예수(첸니,1270)

목부터 발목까지 덮는 옷을 걸친 성모 마리아와 아기예수

앞뒤 크기가 같은 천사들

르네상스

비너스의 탄생(보티첼리, 1485년경)

미의 여신 비너스

멀리 보이는 해안선

바람의 신, 꽃의 여신

◆ 그리스 · 로마 사람들　　◆ 중세 사람들　　◆ 나

>> 3 다음 중 중세와 르네상스 건축물을 구분해 보세요. 로마 건축과 르네상스 건축의 닮은 점은 무엇인가요?

로마 판테온 신전

쾰른 대성당

피렌체 산타마리아 델 피오레 대성당

02 르네상스를 이끈 세 예술가

르네상스가 낳은 세 명의 천재 예술가 미켈란젤로, 라파엘로, 레오나르도 다빈치의 작품을 비교해서 감상해 봅시다.

1 다음 미켈란젤로의 작품을 감상하며 르네상스의 분위기를 느껴 보세요.

나는 미켈란젤로(1475~1564년)야. 교황은 조각가인 나에게 교황 전용 예배당인 시스티나 성당 천장 벽화를 그려 달라는 주문을 했어. 난 4년 동안 40m 높이 천장까지 닿는 높은 작업대 위에 올라가 혼자 그림을 그렸지. 고개를 뒤로 젖힌 채 그리다 보니 물감이 눈에 떨어져 눈병도 나고 목도 비뚤어졌어. 그래도 진짜 사람처럼 사람 몸을 역동적이고 균형 있게 사실적으로 그리려고 노력했지. '아담의 탄생'에서는 신에게 지능이라는 특별한 재능을 부여받는 인간의 모습, '아담과 이브의 타락'에서는 선악과를 먹고 늙어 버린 아담과 이브의 모습을 그렸단다.

1 시스티나 성당 천장화에서 다음 두 장면을 찾아보세요.

◀ 아담의 탄생

아담과 이브의 타락 ▶

인간의 육체는 어떤 모습인가요?

2 시스티나 성당 벽화<최후의 심판>에서 천국에서 심판을 내리는 예수와 지옥을 찾아보세요.

3 다음 시스티나 성당에서 천장화, 벽화, 교황이 설교하는 제단을 찾아보세요.

바티칸 시스티나 성당의 천장화와 벽화

2 다음 레오나르도 다빈치의 작품을 감상하며 르네상스 미술의 특징을 알아봅시다.

나는 레오나르도 다빈치(1452~1519) 야. 활달한 성격만큼이나 호기심도 강해서 화가, 음악가, 건축자, 해부학자, 발명가, 천문학자로 불리는 만능 천재였지. 난 정확한 손, 멀고 가까움의 표현, 밝고 어둠의 효과를 잘 살리는 그림을 그렸어. 일반 여성을 단독으로 그린 모나리자는 내 그림의 특징을 모두 담은 내 최후의 작품이야.

1 다음 두 그림에서 가까이 있는 인물과 멀리 있는 배경, 빛과 어둠을 찾아보세요.

최후의 만찬

모나리자

2 예수와 제자들은 무엇을 하고 있나요?

3 모나리자의 손과 여러분의 손을 비교해 보세요.

3 다음 라파엘로의 작품을 감상하며 르네상스 정신에 대해 알아봅시다.

난 라파엘로(1483~1520)야. 안정감 있고 우아한 그림을 그려 로마에서 궁정화가로 사랑받다가 38세의 젊은 나이로 죽었어. 1504년 피렌체에 가서 미켈란젤로와 레오나르도 다빈치의 작품을 보고 많은 영향을 받았지. 교황의 집무실에 그린 '아테네 학당'에는 54명의 그리스 철학자와 수학자들이 등장하는데 그 안에 미켈란젤로, 레오나르도 다빈치, 내 얼굴을 그려 넣었단다.

1 그림에서 다음 세 사람을 찾아 보세요. 이들은 누구인가요?

아테네 학당

2 크리스트교 교황의 방에 왜 그리스 사람들을 그렸을까요?

03 신항로를 찾아 떠난 탐험가들

세계사 여행

새로운 바닷길을 찾아 떠난 콜럼버스, 바스쿠 다가마의 여정을 통해 세계로 나가는 유럽의 모습을 알아봅시다.

● 서쪽으로 간 콜럼버스 동쪽으로 간 바스쿠 다가마

1300년대 이탈리아에서는 인도의 향신료를 이슬람 상인들에게 비싼 값을 주고 사서 쓰고 있었다. 당시 인도의 향신료는 고기가 썩는 것을 막아 주고 약이나 향수로도 널리 쓰여 유럽에서 최고의 인기 품목이었다. 그러다 보니 유럽 사람들은 이슬람 상인을 거치지 않고 인도와 직접 교역할 수 있는 바닷길을 찾았다. 당시 유럽에는 중국의 인쇄술이 전해져 항해 지도가 널리 퍼져 있었고, 항해가들은 일확천금의 꿈을 안고 새로운 바닷길을 찾아 떠나고자 했다. 이탈리아 항구 도시 제노바 출신의 콜럼버스도 항해 지도를 보며 인도로 가는 길을 연구했다.

"지구는 분명 둥글어. 유럽에서 서쪽으로 계속 가면 인도에 갈 수 있을 거야! 방향을 알려 줄 나침반도 있고 적을 물리칠 화약도 있어!"

배를 살 돈이 없었던 콜럼버스는 후원자를 찾았지만 사람들은 서쪽에는 아무것도 없다며 그를 비웃었다. 1492년 콜럼버스는 7년 만에 에스파냐 이사벨라 여왕의 도움을 받아 에스파냐 세비아에서 유럽의 서쪽으로 항해를 떠났다. 콜럼버스는 80일 만에 남아메리카 카리브 해 섬에 도착했다. 콜럼버스는 죽을 때까지 그 곳이 인도라고 믿었다. 콜럼버스는 인도에 가지는 못했지만 유럽과 아시아 사이에 아메리카 대륙이 있다는 것을 세상에 알린 사람이 되었다.

포르투갈 탐험가 바스쿠 다가마는 콜럼버스와 달리 유럽 서쪽이 아닌 아프리카 남쪽을 돌아서 인도로 갈 계획을 세웠다. 바스쿠 다가마는 아프리카 남쪽 끝 '희망봉'을 돌아 험난한 항해 끝에 1498년 인도 캘리컷에 도착했다. 바스쿠 다가마는 유럽 최초로 바다를 통해 인도 캘리컷으로 가서 향신료를 사 가지고 돌아왔다.

콜럼버스를 후원한 에스파냐는 아메리카 대륙을 차지하고, 바스쿠 다가마를 후원한 포르투갈은 향신료 항해길을 차지해 많은 부를 얻었다. 에스파냐와 포르투갈한테 부가 집중되면서 유럽은 세계 교역의 중심지로 떠올랐다.

>> **1** 다음 그림을 보고 신항로 개척과 어떤 연관이 있는지 답해 보세요.

1

[　　　　] 의 무역 독점

2

[　　　　] 의 발달

3

[　　　　] 의 등장

2 콜럼버스와 바스쿠 다가마가 새롭게 찾은 바닷길을 살펴봅시다.

1 지도에 5대양과 6대주를 표시해 보세요.

2 콜럼버스와 바스쿠 다가마의 항해일지를 만들어 봅시다.

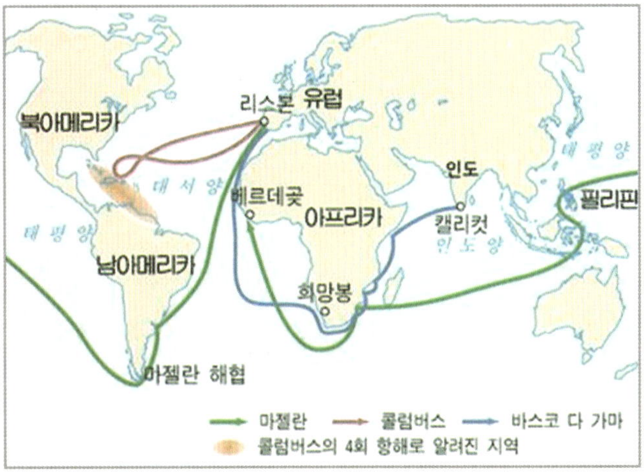

콜럼버스

(1451년~1506년)

출발 : 1492년 8월 3일 ~ 도착 : 1492년 10월 12일

출발지 : 방향 :

바다 :

도착지 :

느낀점 :

바스쿠 다가마

(1469년~1524년)

출발 : 1497년 7월 8일 ~ 도착 : 1498년 5월 20일

출발지 : 방향 :

바다 :

도착지 :

느낀점 :

3 콜럼버스와 바스쿠 다가마가 개척한 신항로 덕분에 다음 두 나라는 무엇을 얻었나요?

에스파냐

포르투갈

04 세계에 알려진 아메리카 대륙

유럽인들의 신항로 개척으로 유럽, 아시아, 아프리카에 알려진 아메리카 대륙에 대해 알아봅시다.

1 다음 물음에 답하며 아메리카 대륙을 알아봅시다.

1 지리적, 문화적 구분에 따라 두 대륙으로 나누고 지도에 표시해보세요.

지리적 구분

북아메리카
중앙아메리카
남아메리카

문화적 구분

앵글로 아메리카
라틴 아메리카

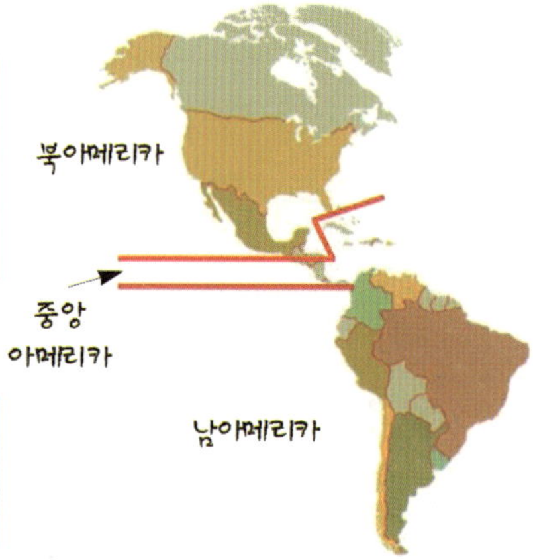

2 아메리카 대륙을 문화적으로 구분하는 이유는 무엇일까요? 다음 낱말을 이용해 설명해 보세요.

서유럽 – 앵글로 색슨족

남유럽 – 포르투갈, 에스파냐, 라틴 문화

2 다음 물음에 답하며 아메리카 대륙의 지형을 살펴봅시다.

북아메리카 대륙 동쪽과 서쪽에 있는 산맥을 찾아보세요.

멕시코와 미국을 구분하는 강을 찾아보세요.

대서양과 태평양을 이어 주는 64km의 운하는?

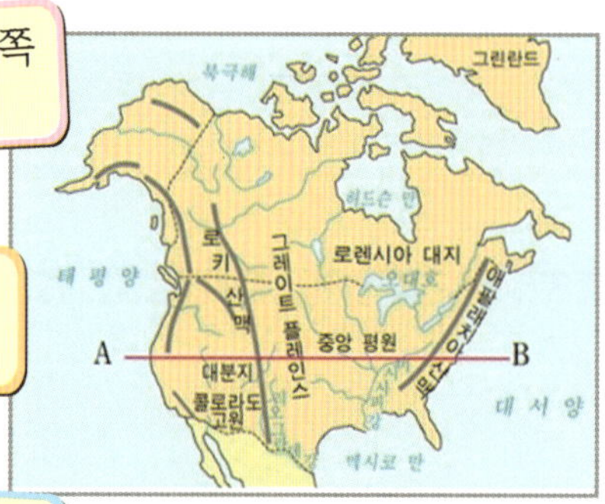

남아메리카 서쪽에 있는 세계에서 가장 긴 산맥?

3 유럽 사람들이 가기 전 아메리카 대륙에 살던 사람들을 살펴봅시다.

1492년, 콜럼버스가 신대륙을 발견했다고 하지만 그곳에는 마야 · 아스텍 · 잉카의 고대 아메리카 문명이 있었다. 이들은 관개수로, 공원, 사원, 피라미드 등이 있는 도시를 건설해 옥수수를 재배하고 금은 세공품 등을 만들어 주변 지역과 교역했다. 250년부터 900년대에 번성한 마야 문명은 아메리카 최초로 그림문자와 '0'을 사용했다. 마야 문명의 영향을 받고 성장한 아스텍 문명은 1200년경부터 여러 부족을 정복하고 대제국을 세웠다. 아스텍 사람들은 종교를 중요시해 대신전을 짓고 사람을 제물로 바쳤다. 15세기 안데스 산맥 지대에 세워진 잉카 문명은 안데스 산 위에 정교하게 쌓은 도시 마추픽추를 남겼다.

1 처음으로 아메리카 대륙에 간 유럽인은 누구인가요?

2 다음 문화유산을 만든 아메리카 문명을 위의 지도에서 찾아보세요.

그림 문자

테오티우아칸 대신전

마추픽추

4 유럽 사람들이 아메리카에 들어오면서 아메리카 대륙에 어떤 일이 벌어졌는지 써 보세요.

에스파냐는 아스텍 문명과 잉카 문명을 철저히 파괴했다. 에스파냐는 돌과 나무로 만든 무기를 사용하는 아메리카 원주민에게 총칼을 들이대고 학살을 서슴지 않았다. 에스파냐는 아메리카 대륙의 금, 은, 옥수수, 감자, 고구마, 콩, 땅콩, 파인애플 등을 유럽으로 가져가고 유럽의 밀, 쌀, 포도, 돼지, 소, 닭 등을 아메라카에 들여왔지만 원주민들은 가혹한 강제 노동과 에스파냐 사람들이 옮긴 천연두, 홍역 등의 전염병으로 죽어 갔다.

세계지도의 변화

1492년 콜럼버스가 아메리카 대륙에 도착하기 전까지는 세계지도에 아메리카 대륙을 빼고 그렸습니다. 새로운 세계지도에 5대양과 6대주를 쓰고 아메리카 대륙을 소개해 보세요.

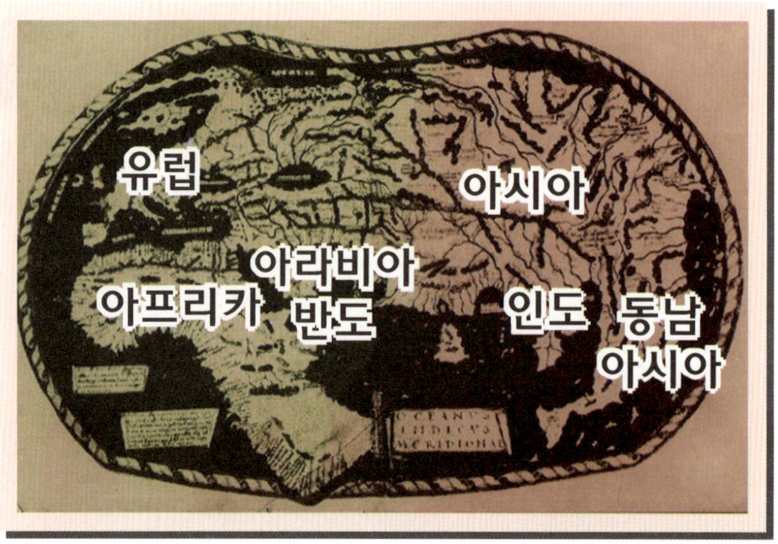

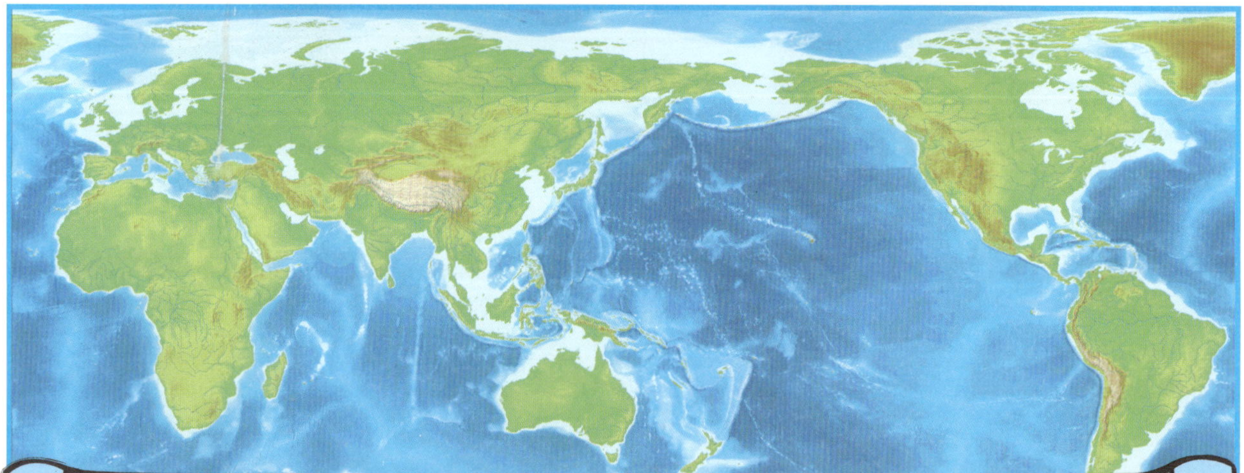

아메리카 대륙

2 이슬람 문화권

학습목표

- 오스만튀르크 제국을 중심으로 발전한 이슬람 세계에 대해 이해한다.
- 아프리카 이슬람 세계의 중심인 송가이 왕국을 이해한다.

학습내용

01 오스만튀르크 제국

02 이스탄불, 이슬람 세계의 중심

03 바자르, 동서 교류의 중심

04 송가이 왕국, 아프리카 이슬람 세계

공부하고 지도에 표시하기

01 오스만튀르크 제국

세계사 여행

이슬람 세계를 대표하는 오스만 제국이 크리스트교 세계를 대표하는 비잔티움 제국을 정복하는 과정을 알아봅시다.

• 콘스탄티노플 함락 배를 산으로 옮겨라!

1299년 셀주크튀르크가 십자군 전쟁으로 쇠퇴하자 튀르크의 한 부족장인 오스만 베이가 소아시아 지역에 오스만 제국을 세웠다. 오스만 제국은 발칸 반도를 공격하여 비잔티움 제국의 영토를 빼앗았다. 그러자 콘스탄티노플만 유럽과 아시아 사이 섬처럼 남게 되었다. 오스만 제국은 소아시아와 발칸 반도의 땅을 하나로 합치기 위해서 콘스탄티노플을 공격했지만 콘스탄티노플의 자랑인 3중 성벽을 뚫을 수가 없었다.

1453년 오스만 제국 술탄 메흐메트 2세는 최고의 헝가리 기술자가 만든 8m 대포를 가지고 총공격에 나섰다. 하지만 비잔티움 제국이 콘스탄티노플 앞바다에 쇠사슬을 쳐서 막는 바람에 대포를 실은 배가 들어갈 수 없었다.

"배를 모두 반대편으로 옮겨라! 산을 돌아 콘스탄티노플 앞바다로 들어가자!"

오스만 제국은 70여 척의 배를 산으로 옮겨 육지와 바다 양쪽에서 콘스탄티노플을 포위하고 대포를 마구 쏘아댔다. 결국 콘스탄티노플의 3중 성벽은 대포를 이기지 못하고 무너져 내렸다. 오스만 제국은 콘스탄티노플을 점령하고 수도를 콘스탄티노플로 옮기고 이스탄불로 이름을 바꾸었다.

>> 1 고대 로마 제국의 영토인 소아시아와 발칸 반도를 차지한 세력들을 살펴봅시다.

1. 고대 로마 제국에 이어 비잔티움 제국(동로마 제국)의 영토가 된 발칸 반도와 소아시아를 지도에서 찾아보세요.

2. 처음으로 비잔티움 제국의 영토인 소아시아를 차지한 이슬람 세력은 누구인가요?

3. 셀주크튀르크에 이어 소아시아에 오스만 제국을 세운 사람은 누구인가요?

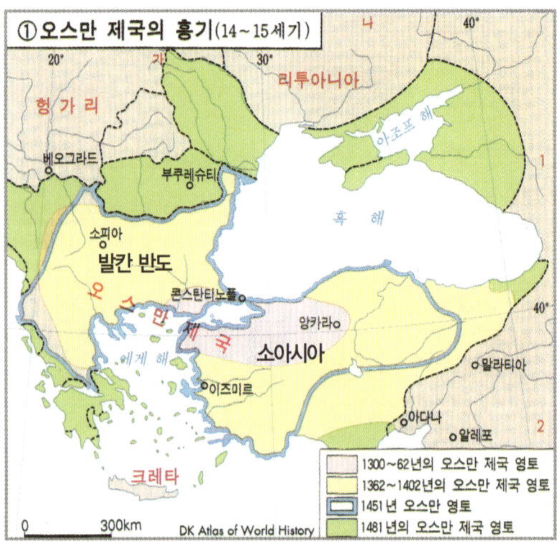

① 오스만 제국의 흥기(14~15세기)

» 2 오스만 제국이 비잔티움 제국을 멸망하는 과정을 살펴봅시다.

1 오스만 제국과 비잔티움 제국의 영역을 지도에 표시하고, 콘스탄티노플을 찾아보세요.

성벽은 몇 겹으로 이루어져 있나요?

테오도시우스 성벽

2 마지막으로 콘스탄티노플을 공격한 오스만 제국의 술탄은 누구인가요?

3 다음 낱말과 그림을 보고 오스만 제국이 콘스탄티노플을 함락하는 과정을 설명해 보세요.

» 3 다음 오스만 제국이 정복한 분홍색 지역을 지도에 표시하고, 오스만 제국에 속하는 대륙을 표시해 보세요.

오스만 제국은 1453년 **비잔티움 제국**을 정복하고, 동쪽으로 이슬람 성지 **메카**와 **메디나**를 지배하고 무함마드의 후계자인 칼리프 지위를 받아 새로운 이슬람 세계의 지배자가 되었다. 이후 서쪽으로 **헝가리**, **이집트**와 **북부아프리카**까지 점령해 아시아, 아프리카, 유럽을 잇는 대제국을 건설했다.

02 이스탄불, 이슬람 세계의 중심

비잔티움 제국의 수도 콘스탄티노플이 이슬람 제국의 수도 이스탄불이 된 후 어떠한 변화가 생겼는지 알아봅시다.

메흐메트 2세 | 톱카프 궁전, 성 소피아 대성당

메흐메트 2세

술탄 메흐메트 2세가 콘스탄티노플을 점령하고 가장 먼저 한 일은 성 소피아 대성당을 이슬람 사원으로 바꾸는 것이었다. 성 소피아 대성당은 지붕이 돔으로 되어 있어 모스크로 쉽게 바꿀 수 있었다. 미나레트 4개를 세우고, 그림으로 장식된 벽과 천정을 5cm 두께로 회칠한 후 검은 바탕에 금색으로 알라, 무함마드, 쿠란 구절을 쓴 둥근 판을 곳곳에 달았다. 하루 다섯 번씩 예배를 드리는 무슬림들을 위해 조명 장치를 설치해 이슬람 모스크로 변하였다. 또한 메흐메트 2세는 이스탄불에 술탄이 사는 톱카프 궁전을 지었다. 높은 담과 네 개의 안뜰로 둘러싸인 톱카프 궁전에는 메카에서 가져온 무함마드의 칼, 턱수염, 머리카락이 있어 이슬람 세계 속 오스만 제국의 권위를 나타냈다. 이렇게 오스만 제국의 새 수도 이스탄불은 이슬람 세계의 정치 · 경제 · 문화의 최대 중심지가 되어 갔다.

아흐메트 1세 | 술탄 아흐메트 모스크(1609~1616)

오스만 제국의 14대 술탄인 아흐메트 1세는 성 소피아 대성당을 뛰어넘는 모스크를 만들기 위해 금(아랍어로 '알툰' 은 금을 뜻한다)으로 장식을 해서 지으라고 명령했다. 아흐메트 1세는 기공식에 참석해 직접 땅을 파고 흙을 날랐을 정도로 이 모스크 건축에 애정을 쏟았다. 국가 재정을 걱정한 신하들은 '알툰' 을 잘못 들은 척하고 금 대신 미나레트를 6개(아랍어로 '알트' 는 6을 뜻한다) 세웠다고 한다. 가운데 대형 돔을 둘러싸고 4개의 돔이 있고, 다시 작은 돔 30개가 둘러싸고 있는 거대한 모스크는 완성하는 데만 꼬박 7년이 걸렸다. 모스크 내부는 가운데 돔 밑에 작은 창을 둘러 빛을 내부로 모으고, 다양한 무늬의 푸른빛 타일로 벽과 천장을 장식했다. 전체적으로 푸른빛을 띠고 있어 블루 모스크라고도 한다.

>> **1** 오스만 제국 수도의 이름은 무엇인가요?

고대 그리스 · 로마	→	비잔티움 제국	→	오스만 제국
비잔티움				

» 2 오스만 제국의 술탄이 살던 궁전 이름은 무엇인가요? 누가 지었나요?

이름

지은 사람

» 3 성 소피아 대성당과 술탄 아흐메트 사원의 공통점과 차이점을 찾아보세요.

돔 미나레트 아라베스크 무늬 창문 조명

성 소피아 대성당 외부 모습

성 소피아 대성당 내부 모습

술탄 아흐메트 사원 외부 모습

술탄 아흐메트 사원 내부 모습

» 4 성 소피아 대성당은 원래 어느 종교의 사원에서 이슬람 사원이 되었나요? 술탄 아흐메트 1세가 거대한 모스크를 만든 이유는 무엇인가요?

03 바자르, 동서 교류의 중심

오스만 제국의 수도 이스탄불에 있는 그랜드 바자르 시장은 당시 최대 규모의 실내 시장으로 동서양의 교역 중심지로 번영을 누렸습니다.

동양과 서양의 교차로 이스탄불 항구

이스탄불은 실크로드가 끝나고 바닷길이 시작되는 곳이라 옛날부터 유럽, 아시아, 아프리카의 교차로였다. 오스만 제국이 동지중해의 육지길과 바닷길을 모두 장악하자 이스탄불은 유럽과 아시아를 연결하는 동서 무역의 중심지가 되었다. 오스만 제국 상인들은 홍해를 거쳐 인도양을 통해 아라비아, 동남아시아, 인도, 중국과 교류하고 지중해를 통해 유럽, 아프리카와 교류하고 흑해를 통해 중앙아시아와 교류했다. 오스만 제국은 동서 무역으로 엄청난 부를 축적했고, 이스탄불은 동양과 서양의 문화가 만나고 섞이는 공간이 되었다.

이스탄불 항구

세계 시장 그랜드 바자르

이스탄불에 동양과 서양의 선박과 상인들이 모여들자 술탄 메흐메트 2세는 1461년 상업 지역을 하나로 통합한 시장인 그랜드 바자르(지붕 덮힌 시장)를 만들었다. 그랜드 바자르는 약 5000여 개의 상점이 미로 같은 통로로 늘어서 있는 세계에서 가장 크고 오래된 실내 시장이다. 이 곳은 아라비아의 양탄자, 중국의 도자기 · 비단 · 차, 인도의 향신료 · 후추 · 면직물, 아프리카의 보석 · 황금, 유럽의 은 등 세계 각지에서 들어온 물품들로 넘쳐났다. 아라비아 반도의 예멘 지방에서 전해진 커피는 그랜드 바자르 시장을 통해 급속히 퍼져 유럽까지 전달되었다. 커피는 이슬람 상인들의 주요 수출품이 되었고, 시장 곳곳에 커피 하우스가 생겼다. 시장의 한편에는 유럽, 아시아, 아프리카의 상인들이 머무르는 숙소와 식당, 공중 목욕탕 같은 편의 시설들이 들어섰다.

1 이스탄불은 콘스탄티노플 시기부터 동서 교역로의 끝에 위치해 있었습니다. 중국 장안에서 출발하는 동서 교역로의 이름은 무엇인가요?

2 이스탄불의 지리적 특징에 대해 살펴봅시다.

1 실크로드의 시작인 장안과 끝인 콘스탄티노플을 찾고 오스만 제국의 수도가 된 이스탄불의 지리적 특징을 말해 보세요.

2 실크로드 지도에서 오스만 제국의 교역로를 표시하고 다음 바다를 통해 어느 나라와 교류했는지 말해 보세요.

홍해와 인도양 지중해 흑해

3 여러 대륙의 나라에서 그랜드 바자르로 어떤 물건들이 들어왔는지 써 보세요.

유럽:

아라비아:

아프리카:

이스탄불 그랜드 바자르

중국:

인도:

4 오스만 제국의 대표 수출품은 무엇인가요? 어디로 전해져 인기를 얻었나요?

아라비아 반도 →

시장 커피 하우스

터키식 커피

→

비엔나 커피

04 송가이 왕국, 아프리카 이슬람 세계

15세기 서아프리카 강대국으로 성장해 아프리카 이슬람교를 보호한 송가이 왕국을 알아봅시다.

• 송가이 왕국 아프리카 이슬람 중심지, 팀북투

1400년대 중반 서아프리카 송가이족 손니 알리는 말리 제국의 지배에서 벗어나 송가이 왕국을 세웠다. 손니 알리는 송가이족의 국교인 이슬람교를 보호하고, 가나 왕국이나 말리 왕국보다 더 강력한 송가이 왕국을 만들기 위해 이슬람 상인들의 아프리카 무역을 허용했다. 1464년 손니 알리는 말리 제국한테 빼앗겼던 팀북투를 되찾아 이슬람 상인들의 교역의 중심지로 삼았다. 팀북투는 이슬람 상인들이 사하라 사막의 소금을 금, 노예와 교환하는 교역으로 14세기에서 16세기까지 아프리카 교역 · 종교 · 학문의 중심지가 되었다.

• 팀북투 학문의 중심지

송가이 왕국은 말리 왕국 때 팀북투에 세워진 코란 상코레 대학을 더욱 활발하게 운영했다. 무역 활동을 통해 많은 양의 서적과 자료가 팀북투에 모여들면서 유명한 학자들이 팀북투에 자리를 잡고 이슬람교 교리뿐 아니라 천문학, 지리학, 역사, 논리학, 의학, 법학, 시문학, 음악 등 다양한 학문을 아랍어, 아프리카 언어, 터키어, 히브리어로 기록하고 전파했다. 유명한 학자들의 가르침을 받고자 수만 명의 학생들이 몰려들어 팀북투는 아프리카 학문의 중심지가 되었다. 학문적 번영의 시기에 팀북투에서 만들어진 수천 권의 서적들은 오늘날까지 남아 서아프리카 번영기의 역사와 문화를 알려 준다.

1 서아프리카를 살펴봅시다.

1 지도에서 서아프리카를 대표하는 가나 왕국과 말리 왕국을 찾아보세요.

가나 왕국

말리 왕국의 젠네 대 모스크

2 지도에서 송가이 왕국을 찾아보세요. 송가이 왕국을 세운 사람은 누구인가요?

>> 2 송가이 왕국이 어떻게 이슬람교를 보호했는지 살펴봅시다.

1 송가이 왕국은 이슬람교를 보호하기 위해 어떤 정책을 펼쳤나요?

2 송가이 왕국은 팀북투에서 어떤 물품들을 사고팔았나요?

"이슬람 상인들이 ( ) 을
팀북투에서 ( ) 과 ( ) 로 바꾸었다."

옆의 지도에서 팀북투를 찾아보세요.

>> 3 아프리카 학문의 중심지 팀북투를 살펴봅시다.

1 팀북투에 서적과 자료가 많이 들어온 이유는 무엇인가요?

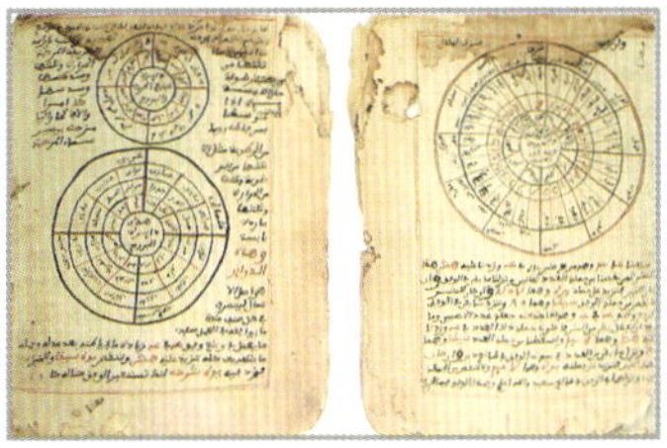

2 14세기 팀북투에 세워진 상코레 모스크, 징게르베르 모스크를 살펴봅시다.

상코레 모스크

징게르베르 모스크

사진 속에서 모스크를 찾아보세요.

모스크를 만든 재료는 무엇인가요?

말리 제국 시기 만들어진 이슬람 대학으로 사용된 모스크를 찾아보세요.

송가이 왕국이 이슬람 대학을 만들 수 있었던 이유는 무엇인가요?

이스탄불

크리스트교 세계의 중심 콘스탄티노플에서 이슬람 세계의 중심지가 된 이스탄불에서 크리스트교와 이슬람교 문화를 구분해 각 문화의 특징을 설명해 보세요.

코라 교회

모자이크

술탄 아흐메트 사원

성화

톱카프 궁전

커피 하우스

사원 내부 모습

사원 내부 모습

크리스트교 문화

이슬람교 문화

3 인도 · 동남아시아 문화권

학습목표

- 무굴 제국의 문화유산을 통해 이슬람교와 힌두교가 융합된 문화를 이해한다.
- 동남아시아 국가들의 발전과 신항로 개척으로 유럽의 최초 식민지가 된 믈라카 왕국을 이해한다.

학습내용

01 인도의 새주인, 무굴 제국(1526~1857)

02 무굴 제국의 예술, 타지마할

03 동남아시아 나라들 : 타이와 베트남

04 다양한 문화권의 공존, 믈라카 왕국

공부하고 지도에 표시하기

01 인도의 새주인, 무굴 제국(1526~1857)

세계사 여행

남북으로 나뉘어 있던 인도를 통일하고 무굴 제국의 전성기를 이끌어 간 악바르 대제를 통해 무굴 제국을 알아봅시다.

• 무굴 제국의 전성기 악바르 대제

인도 북부 지역은 델리 술탄 왕국이 지배하고, 인도 남부 지역은 비자야나가르 왕국이 지배하고 있었는데, 1526년 몽골의 후손인 티무르의 5대손 바부르가 아프카니스탄의 카불과 간다라, 북인도의 중심지인 델리와 아그라를 차지하고 무굴 제국을 세워 인도의 새 주인이 되었다.

악바르 대제

무굴 제국의 전성기는 악바르 대제 때였다. 악바르 대제는 민첩한 기동력과 대포로 무장한 군대를 이끌고 인도 북부를 통일한 다음 북인도와 남인도의 정치적 · 종교적 경계인 데칸 고원 지역까지 진출해 마우리아 제국 이후 가장 넓은 제국을 이루었다. 악바르 대제는 광대한 제국을 통합하기 위해 자신은 이슬람교도였지만 힌두교도 공주와 결혼하고, 힌두교도들에게 받던 세금을 없애는 등 이슬람교와 힌두교의 화합을 위해 노력했다. 또한 항구와 도로망을 정비하여 해외 무역을 적극 장려하는 정책을 펼쳐 유럽과 이슬람 세계에 향신료, 면화 등을 팔아 무굴 제국은 오랫동안 번영을 누렸다.

>> **1** 다음 문화재를 보고 무굴 제국 이전 북인도와 남인도에 세워진 나라를 알아맞혀 보세요.

델리에 있는 술탄 무덤

함피에 있는 힌두교 사원

북인도 :

남인도 :

>> **2** 무굴 제국을 세운 바부르는 누구의 후예인가요?

바부르

나는 무굴 제국을 세운 바부르야. 나의 5대조 할아버지는 칭기즈 칸의 후예인 티무르라고 해. 그래서 나라 이름을 아프가니스탄 방언으로 '몽골'이란 뜻의 무굴 제국이라 했지.

3 인도를 처음으로 통일한 마우리아 제국과 무굴 제국을 비교해 보세요.

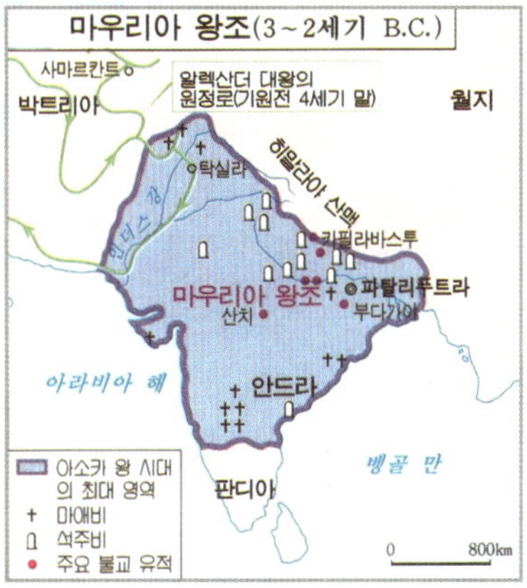

	영토	전성기 왕	종교
마우리아 제국			
무굴 제국			

4 넓은 제국을 다스리기 위한 악바르 대제의 정책을 살펴봅시다.

악바르 대제는 무굴 제국의 군사 기지이자 악바르의 강대한 권력의 상징물인 아그라 성을 지었다. 곡선 모양의 성채인 아그라 성은 이중으로 성벽을 두르고 해자를 만들어 쉽게 침입할 수 없도록 견고하게 만들었다. 성 안의 건물들은 이슬람교와 힌두교의 건축 양식을 혼합하여 지었다.

1 아그라 성에서 이중 성벽, 해자, 망루, 활 쏘는 구멍을 찾아 보세요.

2 아그라 성 내부 궁전에서 힌두교와 이슬람교 양식을 찾아보세요. 악바르 대제가 힌두교와 이슬람교 양식을 혼합하여 지은 이유는 무엇일까요?

힌두교는 직각, 이슬람교는 곡선을 사용해요~

02 무굴 제국의 예술, 타지마할

세계사 여행

인도의 전통 종교인 힌두교와 이슬람교가 융합된 무굴 제국의 문화를 샤자한 황제가 지은 타지마할을 통해 알아봅시다.

샤자한 황제 무굴 제국 예술의 황금기

악바르 대제의 손자 샤자한 황제는 할아버지가 영토 확장과 종교적 관용 정책으로 이루어 놓은 안정 위에 무굴 제국의 예술과 건축을 크게 발전시켰다. 예술적 재능이 뛰어났던 샤자한은 아그라 성을 확장하고 타지마할, 델리 성, 델리의 대(大)모스크(자마 마스지드)와 진주 모스크(모티 마스지드), 아버지 자항기르의 영묘, 샤자한 모스크 등 많은 건축물을 지었다.

타지마할 아내를 위한 무덤

샤자한과 뭄타즈마할 초상

샤자한 황제가 만든 최고의 작품은 전통적인 힌두 건축 양식과 이슬람교 건축 양식을 혼합한 아내의 무덤 타지마할이다. 샤자한 황제에게는 뭄타즈마할이라는 지혜롭고 아름다운 왕비가 있었다. 샤자한 황제는 잠시도 뭄타즈마할 곁을 떠나지 않아 정복 전쟁 때에도 항상 왕비를 데리고 다녔다. 1631년 왕비는 데칸 고원 지역으로 원정을 가는 샤자한 황제를 따라갔다가 그 곳에서 14번째 아이를 낳다 죽었다. 샤자한 황제는 뭄타즈마할의 죽음으로 머리카락이 하얗게 셀 정도로 깊은 슬픔에 빠졌다. 황제는 사상 유례가 없는 화려한 무덤을 건설해 아내에게 바치겠다는 계획을 세우고 1632년 공사를 시작했다. 연인원 20만 명에 1000마리의 코끼리가 동원됐다. 샤자한 황제의 건축적 영감을 실현하기 위해 이란, 이탈리아, 프랑스, 터키, 중국 등에서 뛰어난 장인을 고용해 1653년 왕비의 무덤인 타지마할을 완성했다.

야무나 강변에 있는 타지마할은 동서 300m, 남북 560m의 넓은 대지 위에 세워져 있다. 건물 앞에는 짜르 박(Char Bagh)형식의 이슬람 정원이 있다. 이 정원은 이슬람의 낙원 사상을 담고 있다. 타지마할은 뭄타즈마할의 무덤이기도 하지만 동시에 신의 심판 이후 그녀가 다시 돌아와 누릴 낙원이기도 하다는 의미다.

>> **1** 샤자한 황제가 무굴 제국의 예술을 발전시킬 수 있었던 이유는 무엇인가요?

2 세계에서 가장 아름다운 무덤으로 꼽히는 타지마할을 살펴봅시다.

타지마할 정문

타지마할 정문 위 작은 돔

타지마할

1 무굴 제국의 인도-이슬람 건축물은 정문 위에 작은 돔(1개=1년)을 세워 건축 기간을 표시했습니다. 타지마할 정문에서 작은 돔을 찾아보고 타지마할을 짓는 데 얼마나 걸렸는지 알아맞혀 보세요.

2 다음 물음에 답하며 하얀 대리석으로 만든 2층 본체의 숨은 의미를 이해합시다.

우주를 상징하는 돔

신의 심판 이후 왕비가 다시 돌아올 낙원인 정원

8방향으로 뻗어나가 세계와 소통하는 8각형 건물

권위를 나타내는 미나레트

3 다음 그림을 찾아보며 타지마할이 힌두교와 이슬람 건축 양식을 혼합하여 지어진 건축물임을 이해합시다.

ㄷ자 모양의 아랍어로 적힌 쿠란

힌두교 전통의 연꽃 무늬

이슬람 미나레트

지붕을 네 개의 귀퉁이로 만드는 힌두교 건축 양식

이슬람에서 천국을 의미하는 꽃을 피우는 식물

빛이 들어오도록 만든 대리석 창

03 동남아시아 나라들: 타이와 베트남

세계사 여행

15세기 동남아시아 국가 중 수코타이 왕국을 무너뜨리고 등장한 타이족의 아유타야 왕국과 중국의 지배를 벗어나 강력한 나라로 성장한 레 왕국을 알아봅시다.

타이 아유타야 왕국

1350년 타이족 우통은 앙코르 왕국의 지배를 벗어나 차오프라야 강을 중심으로 아유타야 왕국을 세웠다. 우통은 운하를 건설해 북쪽 롭부리 강, 동쪽 파삭 강, 서남쪽 차오프라야 강을 연결해 여러 지역과 교류했다. 아유타야는 교역을 통해 얻은 경제적 번영으로 군사력을 키워 같은 타이족인 수코타이 왕국과 앙코르 왕국까지 점령해 중국과 인도, 유럽을 잇는 교역로를 차지했다. 아유타야 왕국은 중국(명), 조선, 일본, 베트남, 이슬람 상인뿐만 아니라 포르투갈 사람들까지 머물도록 허락했다. 16세기 아유타야에 온 최초의 유럽 사람은 포르투갈 사람으로 아유타야 왕의 군인으로 활약했다.

서양인들은 아유타야 왕국을 이렇게 묘사했다.

"도성 안에만 700개의 불교 사원이 있고, 3만 명 이상의 승려들이 있다. 한 불교 행사에는 500척의 왕실 배를 뒤따르는 배들이 20만 척 이상이나 되었다."

베트남 레 왕국

안남은 한나라 때부터 중국의 지배를 받다가 끈질긴 독립 투쟁을 벌여 938년 중국의 지배에서 벗어났다. 안남은 스스로 황제의 나라라고 할 정도로 강력한 나라로 성장하여 13세기 쩐 왕조 때는 몽골 제국의 군대도 물리쳤다.

하지만 1406년 또다시 중국(명나라)의 지배를 받게 되자 레러이 장군을 중심으로 중국과 맞서 싸웠다.

"한 어부가 호수에서 녹슨 칼을 건졌다. 몇 번이나 호수에 다시 버렸지만 계속 그물에 걸려 올라오자 어부는 칼을 소중히 간직했다. 어느 날 어부는 레러이 장군이 명나라와 싸운다는 이야기를 듣고 칼을 가져갔다. 마침 레러이 장군도 적에게 쫓겨 도망가던 중 나무 위에서 빛나는 칼집을 발견해 가지고 있었다. 어부의 칼은 칼집에 딱 들어맞았고 레러이 장군은 전쟁마다 승리해 명나라를 물리쳤다. 전쟁에서 승리한 레러이가 칼을 건진 호수로 찾아가니 거북이가 올라와서 검을 물고 돌아갔다."

결국 1428년 레러이 장군은 명나라를 몰아내고 레 왕조를 세우고 첫 번째 왕 레타이또가 되었다. 레러이는 전쟁으로 혼란한 사회를 안정시키기 위해 불교 대신 유교를 국가 이념으로 삼고, 곳곳에 공자를 모시는 사당인 문묘를 지었다. 레 왕조는 베트남 왕조 중 가장 오래 지배한 왕조이자 베트남 문화의 전성기였다.

1 아유타야 왕국과 레 왕국은 어느 반도에 있나요? 지도에서 찾아보세요.

2 아유타야 왕국과 레 왕국을 대표하는 종교는 무엇인가요?

옥수수 모양의 중앙 탑을 찾아보세요.

문묘에 모셔진 사람은 누구인가요?

3 아유타야 왕국과 레 왕국은 현재 어느 나라인가요? 지도에서 나라와 수도를 찾아 써 보세요.

현재 동남아시아 국가들

레 왕국

① 이름 : (　　　　　)
② 수도 : (　　　　　)
③ 면적 : 331,210 ㎢
④ 인구 : 약 9,247만 명
⑤ 종교 : 불교(70%), 유교

아유타야 왕국

① 이름 : (　　　　　)
② 수도 : (　　　　　)
③ 면적 : 513,120㎢
④ 인구 : 약 6,744만 명
⑤ 종교 : 불교 (94.6%)

04 다양한 문화권의 공존, 믈라카 왕국

세계사 여행

동남아시아 교역의 중심지로 발전한 믈라카 왕국에 들어온 세계 4대 문화권의 흔적을 찾아봅시다.

• 믈라카 왕국 최초의 유럽 식민지

믈라카 왕국은 믈라카 어촌의 작은 힌두교 왕국이었는데, 15세기 동 · 서 해상 무역의 중심지로 번영하면서 이슬람 상인들의 영향을 받아 이슬람 국가로 개종했다. 15세기 중국 명나라 정화 원정단이 믈라카로 온 이후에는 명나라에 조공을 바쳤지만 명나라의 보호 아래 국제 무역 항구로 번성했다. 믈라카 왕국의 술탄은 명나라 공주와 결혼해 중국 사람들이 많이 이주해 오면서 중국의 유교, 도교 문화가 전해졌다. 믈라카 왕국은 인도, 이슬람, 중국 상인들이 안전하게 교역할 수 있는 공간이자 다양한 문화가 공존하는 곳이었다.

1511년 동 · 서 해상 무역의 중심지인 믈라카 왕국은 포르투갈의 침략을 받았다. 포르투갈은 1498년 바스쿠 다가마가 인도양으로 오는 바닷길을 개척하자 동서 무역을 독점하기 위해 믈라카 왕국을 정복했다. 믈라카 왕국은 동남아시아 최초로 유럽의 식민지가 되어 포르투갈의 향신료 교역과 크리스트교 전파의 중심지가 되었다. 1641년 네덜란드가 포르투갈을 공격해 믈라카 왕국은 130년 간의 식민지 생활이 끝나려나 기대했지만 다시 300년 동안 네덜란드의 통치를 받았다.

1 다음 중 믈라카 왕국을 알 수 있는 낱말을 찾아 그 특징을 말해 보세요.

종이 / 동남아시아 / 이슬람 국가 / 향신료 / 믈라카 해협 / 동 · 서 해상 교역 중심지 / 황제 / 불교 국가 / 비단

2 믈라카 왕국이 교역의 중심지에서 동남아시아 최초로 유럽의 식민지가 된 과정을 말해 보세요.

교역의 중심지

믈라카에는 여러 나라 사람들이 교역하러 와. 이슬람, 인도, 중국 상인들, 저 배에는 누가 타고 있을까?

유럽의 식민지

포르투갈과 네덜란드가 믈라카로 온 이유는?

» 3 믈라카 왕국은 현재 말레이시아입니다. 다음 지도에서 말레이시아 영토를 표시하고 과거 믈라카 왕국과 현재 수도를 찾아보세요.

① 이름 : (　　　　　)
② 수도 : (　　　　　)
③ 면적 : 329,847㎢
④ 인구 : 약 2,962만 명
⑤ 종교 : 이슬람교, 불교, 힌두교 ,그리스도교

» 4 현재 말레이시아 믈라카에 남아 있는 다양한 문화권의 문화유산을 살펴보고 어느 나라와 연관이 있는지 말해 보세요.

믈라카 술탄 궁전

산티아고 요새

캄퐁 클링 이슬람 모스크

청 훈 텡 도교사원

스리 포가야타 힌두교사원

산 프란시스 자비에르 성당

인도의 타지마할

세계를 대표하는 문화유산인 인도의 타지마할을 소개해 보세요. 타지마할에 담긴 이야기와 타지마할 속 힌두교와 이슬람교의 특징까지 다양한 정보를 쓰세요.

타지마할 이야기

타지마할 속 힌두교와 이슬람교

4 중국 · 동아시아 문화권

학습목표

- 중국 명 · 청 제국의 문화유산인 자금성을 통해 명 · 청 제국의 발전상을 이해한다.
- 임진왜란의 발생 배경과 그 이후 교류의 과정을 통해 동아시아 국제질서를 이해한다.

학습내용

01 한족의 나라, 명(1368~1644)
02 동아시아 전쟁, 임진왜란(1592~1598)
03 자금성의 새주인, 청(1636~1912)
04 동아시아 문화권, 새로운 교류

공부하고 지도에 표시하기

01 한족의 나라, 명(1368~1644)

한족들은 오랫동안 이민족에게 시달리다 결국 원나라를 몰아내고 새로운 한족의 나라 명을 세웁니다.

명 태조 　주원장의 두 얼굴

주원장

14세기 중반, 주원장은 몽골의 원나라가 중국을 다스리던 시기에 가난한 농부의 아들로 태어났다. 주원장은 가뭄과 돌림병으로 부모님을 잃고 절에 들어가 승려가 되었다. 하지만 농민들의 땅을 빼앗고 세금을 많이 거두는 등 원나라의 횡포가 심해지자 한족 농민 반란 세력에 참여했다. 주원장은 여러 전투에서 공을 세우면서 서서히 반란 세력의 우두머리 중 하나로 성장했다.

1356년 주원장은 한족 세력을 하나로 모아 강남 지역 난징을 점령했다.

㉠"오랑캐를 몰아내고 중화를 회복하자."

풍년을 기원하는 제사를 드리던 천단

주원장의 외침은 원나라한테 괴롭힘을 당하는 한족들이 많이 모여 있는 강남 지역의 항몽 의식을 자극했다. 1368년 주원장은 원나라의 수도 베이징을 점령하고 난징을 수도로 한족의 나라 '명'을 세웠다. 주원장은 스스로 황제가 되어 몽골족 원나라에게 지배당한 과거를 없애고 한, 당, 송으로 이어지는 한족 왕조의 위대함을 되살리고자 힘썼다. 백성들에게 몽골식 머리 모양과 모자, 옷을 금지하고 농업, 조상, 효, 예절을 중요하게 생각하는 유교적인 생활을 강조했다. 주원장은 자신에게 위험한 존재는 가족까지 모두 제거해 약 30년 간 10만 명이 넘는 사람들을 죽였다. 주원장은 신하들이 황제의 권력을 넘보지 못하도록 모든 권력을 황제에게 집중시키는 독재 체제를 확립했다.

>> **1** ㉠에서 오랑캐와 중화는 각각 어느 민족과 나라를 말하나요?

	민족	나라	생활방식
오랑캐			유목생활
중화	한족		

2 명나라의 최대 영역을 표시하고 원나라의 수도 베이징과 명나라의 수도 난징을 찾아보세요.

명나라는 중국의 어느 지역에 세워진 왕조인가요?

명나라가 세워진 시기 한반도에 있었던 국가는?

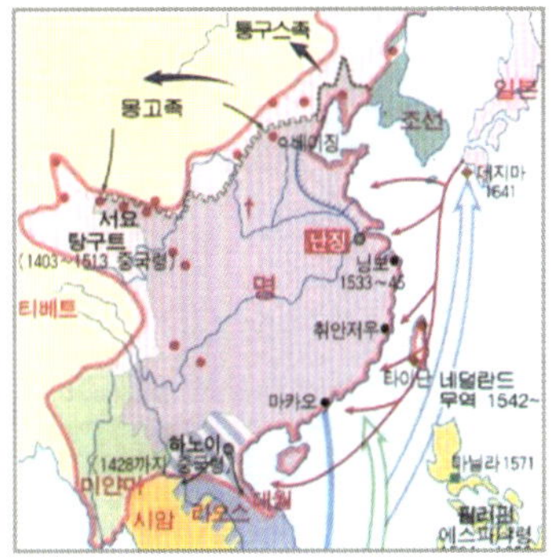

3 다음 주원장의 두 초상화를 감상한 후 느낌을 말해 보세요. 주원장은 두 얼굴의 초상화처럼 극과 극의 정책을 펼쳤는데, 각 초상화에 알맞은 정책을 써 보세요.

주원장은 수많은 화공을 불러 자신의 초상화를 그리게 했다. 화공들은 모질고 사나운 황제의 추악한 얼굴을 사실적으로 그렸다. 주원장은 몹시 화를 냈다. 그러자 영리한 화가 한 명이 얼굴빛이 인자한 그림을 그려 바쳤고, 그 초상화가 황제의 공식 초상화가 되었다.

4 명나라 3대 황제인 영락제는 명나라의 힘을 과시하기 위해 정화 원정대를 파견했습니다. 당시 최대 규모인 정화 원정대에 대해 살펴봅시다.

1. 명나라의 새 수도 베이징을 찾아보세요.
2. 정화가 원정을 떠난 지역을 표시해 보세요.
3. 정화의 역할은 무엇인가요?

정화의 원정로

02 동아시아 전쟁, 임진왜란(1592~1598)

16세기 말 동아시아 문화권을 뒤흔든 명나라, 조선, 일본이 벌인 전쟁인 임진왜란에 대해 알아봅시다.

명나라는 오랫동안 평화가 지속되자 황제가 사치와 방탕에 빠져들었다. 황제는 환관들의 정치 참여와 신하들의 다툼이 심해져도 신경 쓰지 않았다. 이때 북방 국경 지역은 몽골이, 남쪽 해안은 왜구가 침입해 혼란은 더욱 심해졌다.

조선은 신하들이 무리를 지어 다투며 서로의 의견에 반대만 하는 등 당쟁이 갈수록 심해져 국가 운영에 대한 의견 통일이 힘들었다. 더군다나 200년 동안이나 전쟁이 없는 평화로운 시대가 지속되자 전쟁 대비를 소홀히 했다.

일본은 토요토미 히데요시가 무사들이 서로 다투던 전국 시대를 통일했다. 히데요시는 무사 세력을 통제할 힘이 없자 이들의 관심을 밖으로 돌리고자 "명나라를 정벌하여 중국 대륙을 일본 영토로 만들자"라며 전쟁을 선포했다.

» **1** 서로 관련 있는 것끼리 연결하며 임진왜란이 일어난 배경을 말해 보세요.

조선 •	• ㄱ 조선을 지켜야 우리를 보호할 수 있다.
일본 •	• ㄴ 명을 치러 가는 길을 빌려 달라.
중국(명나라) •	• ㄷ 싸워서 죽을지언정 길을 빌려 줄 수는 없다.

2 1592년 4월 13일부터 1598년 11월 19일까지 7년 간의 전쟁의 과정을 순서대로 나열해 보세요.

1. 명나라의 조선 구원병 파견
2. 명나라 군과 조선군 연합군이 평양성 탈환
3. 20일 만에 한양 함락
4. 이순신 장군, 명량해협에서 일본 함대 격파
5. 일본 15만 군대를 이끌고 조선 침략

( ) → ( ) → ( ) → ( ) → ( )

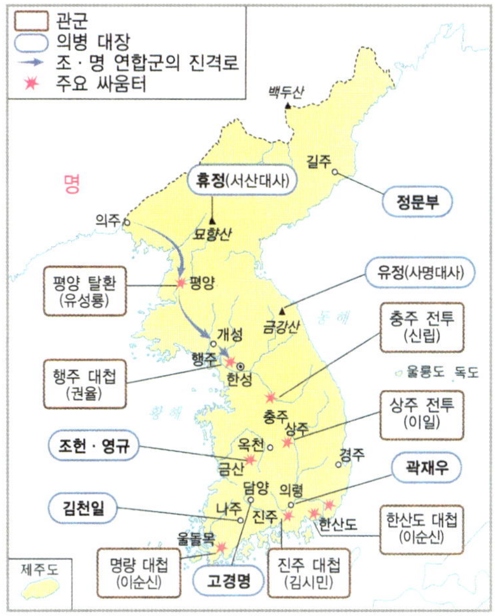

3 다음 그림을 보고 임진왜란이 끝난 후 명, 조선, 일본의 상황을 설명해 보세요.

임진왜란이 끝난 후 조선은 7년 동안의 전쟁으로 국토는 폐허가 되고 경복궁, 불국사 등 수많은 문화유산이 불탔다. 또한 도자기 기술자, 성리학자들이 일본으로 붙잡혀 가 일본 문화 발전에 기여했다. 명나라는 재정 악화로 나라가 더욱 혼란스러워져 북방에서 세력을 키운 여진족(만주족)을 막아내지 못했다.

명

여진족

조선

다시 지어진 불국사

조선인 귀무덤

일본

일본으로 간 조선 백자

03 자금성의 새주인, 청(1636~1912)

세계사 여행

명나라 영락제가 베이징에 건설한 세계 최대의 궁궐인 자금성, 자금성의 새 주인이 된 청나라가 자금성을 어떻게 활용했는지 알아봅시다.

명, 청 황제의 집 자금성

명나라 영락제는 즉위한 지 4년이 지난 1406년부터 자금성을 짓기 시작하여 1421년 완성되자 베이징으로 수도를 옮기고 자금성에 머물렀다. 자금성의 '자(紫)'는 하늘의 중심인 북극성을 의미하는 빛깔이 자색이기 때문이고, '금(禁)'은 황제가 사는 곳은 누구도 함부로 접근할 수 없는 금지된 곳이란 뜻이다. 하늘의 중심이 북극성이면 땅의 중심은 황제가 사는 자금성이 되는 것이다.

자금성은 붉은 담벼락에 노란 금색의 기와가 상징이며, 800채의 건물과 9999개의 방이 있는 세계에서 가장 큰 궁궐이다. 자금성 바닥은 땅 밑에서 뚫고 올라올지 모를 침입자를 막기 위해 40여 장의 벽돌을 겹쳐 쌓았고, 성 안에는 암살자가 몸을 숨길 수 없도록 후원을 제외하고는 나무가 전혀 없다. 자금성을 둘러볼 때는 숫자 9를 눈여겨봐야 되는데, 9는 황제를 상징하는 숫자이다. 그래서 자금성의 모든 건축물은 9와 관련이 있다. 우선 하늘의 옥황상제는 10,000칸의 궁에 거주하므로 그 아들인 천자(황제)가 거주하는 궁궐은 그보다 하나 작은 9999개의 방을 만들었고 기둥, 난간, 기단의 숫자 역시 모두 9의 배수로 되어 있다. 성문에는 상하좌우로 9개 금장식이 부착돼 있고, 천안문부터 9개의 문을 지나야 북문(신문문)에 도착할 수 있다.

만주족 청나라 자금성을 차지하다

누르하치

임진왜란 이후 세금 부담이 커진 농민들이 반란을 일으켜 베이징을 점령하자 명나라 황제는 자금성 뒷산에서 목을 매 자살했다. 이때 청나라가 기회를 놓치지 않고 1644년 베이징으로 쳐들어가 농민 반란군을 진압하고 자금성을 차지했다. 청나라는 본래 만주 지역에 살던 여진족이었는데 누르하치가 부족 이름을 만주족이라 하고 후금을 세운 후 1636년 나라 이름을 청으로 바꾸었다. 청나라는 명나라의 흔적이 남아 있는 자금성을 파괴하지 않고 더욱 크게 확장해 만주족 황제의 포용력과 위엄을 보여주었다. 자금성 건물 현판은 한자와 만주어를 함께 쓰고, 자금성 성벽은 황제의 상징인 아홉 마리 용을 유리 타일로 만들어 붙였다. 자금성은 560년이라는 긴 세월 동안 15명의 명나라 황제와 9명의 청나라 황제가 일생을 보낸 황제의 궁으로, 현재는 105만 점의 희귀하고 진귀한 문물이 전시·소장되어 있다.

1 중국 명, 청 황제가 살던 자금성을 살펴봅시다.

자금성

지배 영역의 변천(원, 명, 청의 최대 판도)

1 자금성을 지은 나라와 수도를 위의 지도에서 찾아보세요.

紫	禁	城
자주빛 자	금할 금	성 성

자금성의 뜻을 설명해 보세요.

자금성에는 몇 명의 황제가 살았나요?

2 청나라가 새로 만든 것은 무엇인가요? 왜 만들었나요?

한자와 만주어를 찾아보세요

아홉 마리 용을 찾아보세요.

3 중국 자금성과 조선 경복궁을 비교해 보세요.

자금성 태화전

경복궁 근정전

재료 · 지붕 색깔 · 계단 층 수 · 기둥 개수 · 용

04 동아시아 문화권, 새로운 교류

동아시아 문화권 국가들의 전쟁이 끝나고 새롭게 교류를 시작한 중국, 한국, 일본의 모습을 알아봅시다.

1 조선 전기 교류의 모습을 살펴봅시다.

1 조선의 건국자는 누구인가요? 지도에서 조선의 수도 한양을 찾아보세요.

2 조선과 교류한 나라와 물품을 지도에서 찾아쓰세요.

2 조선 후기 중국에서 어떤 문물이 조선에 들어왔는지 살펴봅시다.

박지원

난 청나라 사신단을 따라 중국 여행을 간 박지원이야. 조선은 명나라를 멸망시킨 청나라를 오랑캐 나라라고 무시하지만 내가 본 청나라는 잘 닦인 도로, 물건을 싣고 지나는 수레들이 넘쳐나는 곳이었어. 청나라는 조선에 없는 새로운 것이 가득한 곳이었지. 특히 서양에서 왔다는 망원경, 세계지도, 천체 관측기를 보고 서양 과학 기술의 발전을 실감했어.

1 조선 후기 사신단은 어느 나라 황제를 만나러 갔나요? 출발지와 도착지는 어디인가요?

2 중국 청나라에서 조선으로 들어온 물건들은 무엇인가요?

곤여만국전도

황도관측기

청나라 베이징 거리 풍경

» 3 임진왜란 이후 세워진 일본 에도 막부의 교류 정책을 살펴봅시다.

도쿠가와 이에야스

나는 오랜 세월을 기다린 끝에 1603년 에도(현재 도쿄)에 새 막부를 연 도쿠가와 이에야스야. 난 불안한 정권을 안정시키고 새로운 문물을 받아들이기 위해 조선통신사를 일본에 초청했어. 조선통신사가 가져온 글씨, 인삼, 붓, 먹, 약, 춤, 악기 등은 일본 백성들에게 아주 인기가 많아. 일본은 조선통신사들한테 고구마, 고추, 토마토, 구리 등을 선물로 주어 일본과 조선이 서로 교류하는 장을 마련했지.

1 도쿠가와 이에야스가 새로운 막부를 세운 곳은 어디인가요? 지도에서 찾아보세요.

2 일본의 부탁으로 조선이 일본으로 보낸 사절단의 이름은 무엇인가요?

3 조선통신사를 통해 일본과 조선이 서로 교류한 것을 말해 보세요.

글을 써 주고 있는 조선통신사

일본에 전해진 조선 춤

4 다음 물음에 답하며 일본과 네덜란드의 교역을 살펴봅시다.

1641년 에도 막부는 서양 배의 출입을 막고 종교 활동에 소극적인 네덜란드인만 나가사키 항구에서 무역할 수 있도록 허락했다. 네덜란드인들은 부채꼴 모양의 인공 섬인 데지마에 갇혀 살며 조선술, 지도 제작법, 의학 등 서양 학문을 일본에 전했다.

다음 그림에서 나가사키 항구에 들어오는 배는 어느 나라 배인가요?

'데지마'를 찾아보세요.

일본이 데지마를 통해 교류한 것은 무엇인가요?

문화권의 확장

4대 문화권은 새로운 세계에 대한 호기심, 경제적 이익 등 여러 가지 이유로 다른 지역으로 영역을 넓혀 갔습니다. 지도를 보고 각 문화권이 확장된 영역을 설명해 보세요.

1 유럽 문화권

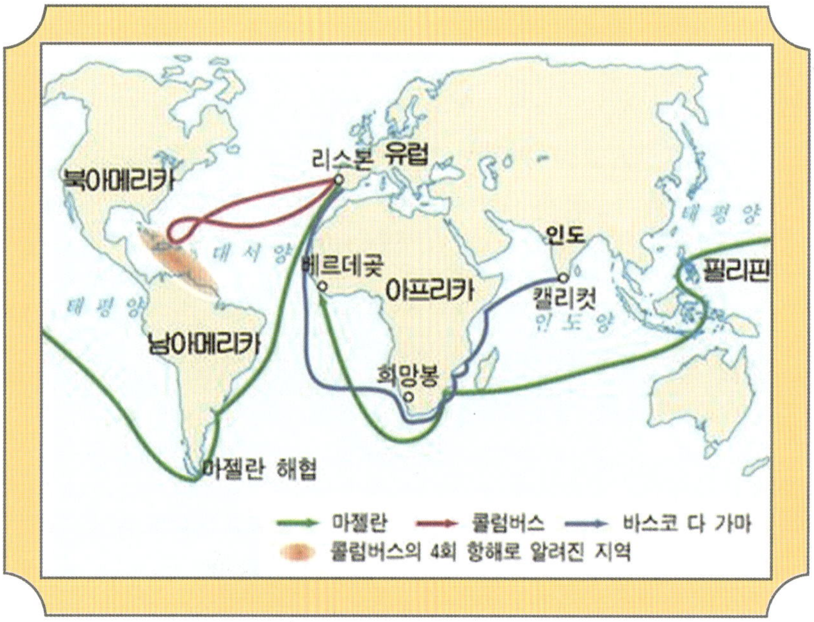

2 이슬람 문화권

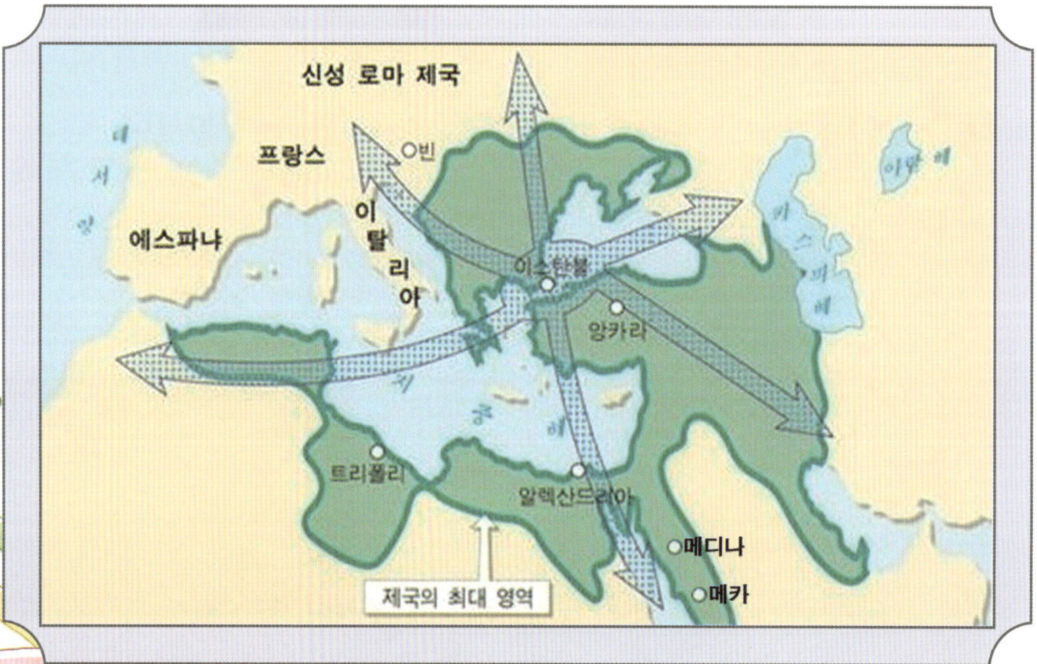

3 인도 · 동남아시아 문화권

4 중국 · 동아시아 문화권

▲ 정화의 원정로

조선통신사의 행로 ▶

세계사 여행

세계 여행 계획 세우기

세계사 여행 7호에서 배운 내용을 기초로 세계여행 계획을 세우고,
세계지도에 가고 싶은 곳을 표시해 보세요.

출발~~

➡ 여행 시기 : 년 월 일

➡ 여행 동반자 :

➡ 여행 준비물 :

➡ 보고 싶은 것 :

RUSSIA
CANADA
U.S.
Greenland
(DENMARK)
ICELAND
UNITED STATES
MEXICO
ATLANTIC OCEAN
PACIFIC OCEAN
INDIAN OCEAN
Bering Sea
Sea of Okhotsk
Sea of East
Yellow Sea
Arabian Sea
Bay of Bengal
Gulf of Mexico
Mediterranean Sea
Black Sea
North Sea
NORWAY
SWEDEN
FINLAND
ESTONIA
LATBIA
LITUANIA
DENMARK
UNITED KINGDOM
IRELAND
NETHERLANDS
POLAND
BELARUS
GERMANY
UKRAINE
MOLDOVA
FRANCE
SWITZ.
AUSTRIA
HUNGARY
ROMANIA
CROATIA
ITALY
BULGARIA
GREECE
PORTUGAL
SPAIN
TURKEY
Moscow
KAZAKHSTAN
Astana
MONGOLIA
CHINA
JAPAN
SOUTH KOREA
NORTH KOREA
UZBEKISTAN
KYRGYZSTAN
TURKMENISTAN
TAJIKISTAN
AFGHANISTAN
PAKISTAN
IRAN
IRAQ
SYRIA
ISRAEL
JORDAN
SAUDI ARABIA
OMAN
YEMEN
INDIA
New Delhi
NEPAL
BHUTAN
BANGLADESH
MIYANMA
LAOS
THAILANC
CAMBODIA
VIETNAM
PHILIPPINES
SRI LANKA
MALAYSIA
BRUNEI
INDONESIA
PAPUA NEW GUINEA
SOLOMON ISLANDS
AUSTRALIA
NEW ZEALAND
MOROCCO
Western Sahara
ALGERIA
TUNISIA
LIBYA
EGYPT
MAURITANIA
MALI
NIGER
CHAD
SUDAN
ERITREA
DJIBOUTI
ETHIOPIA
SOMALIA
SENEGAL
THE GAMBIA
GUINEA-BISSAU
GUINEA
SIERRA LEONE
LIBERIA
C'TE D'IVOIRE
GHANA
BURKINA FASO
BENIN
NIGERIA
CAMEROON
CENTRAL AFRICAN REPUBLIC
GABON
REP. OF THE CONGO
DEMOCRATIC REPUBLIC OF THE CONGO
UGANDA
KENYA
RWANDA
BURUNDI
TANZANIA
SEYCHELLES
COMOROS
ANGOLA
ZAMBIA
MALAWI
MOZAMBIQUE
ZIMBABWE
NAMIBIA
BOTSWANA
MADAGASCAR
MAURITIUS
LESOTHO
SWAZILAND
SOUTH AFRICA
HAWAIIAN ISLANDS
THE BAHAMAS
CUBA
DOMINICAN REPUBLIC
JAMAICA
BELIZE
GUATEMALA
HONDURAS
EL SALVADOR
NICARAGUA
COSTA RICA
PANAMA
VENEZUELA
GUYANA
SURINAME
COLOMBIA
ECUADOR
PERU
BRAZIL
BOLIVIA
PARAGUAY
CHILE
ARGENTINA
URUGUAY

MEMO(알림장)

1차시 유럽 문화권 3쪽~

01. 르네상스(부활, 재생)

1. ❶ 비잔티움 제국, 이슬람, 중국, 인도 ❷ 이탈리아가 동방 문화를 서유럽에 전달하는 통로에 위치하기 때문에 ❸ 지도에서 베네치아, 밀라노, 피렌체, 로마를 찾아본다. / 활발한 무역활동으로 부와 자유가 생기자 도시에 남아 있던 고대 그리스 · 로마 문화에 관심을 가지기 시작했기 때문에
2. 중세 그림 : 크리스트교 성화를 그렸다. 성모마리아, 아기예수, 천사들은 옷으로 몸을 가리고, 멀고 가까움의 표현 없이 성모마리아와 아기 예수만 크게 그려서 강조했다.
   르네상스 그림 : 그리스 · 로마 신화를 그렸다. 비너스의 아름다운 몸을 옷으로 가리지 않고 그대로 그렸다. 가까이 있는 바람의 신과 꽃의 신, 해안선은 크게, 멀리 있는 해안선은 작게 원근법에 따라 그렸다.
   자유롭게 자신의 생각을 써 본다.
   예) 그리스 · 로마 사람들 : 비너스의 아름다운 몸을 보니 과연 미의 여신이라 불릴 만해!, 중세 사람들 : 옷으로 가리지도 않고 몸을 그리다니 정말 부끄러움도 모르나 봐!
3. 중세는 높은 첨탑을 단 교회 건축이 대부분이었지만 르네상스는 그리스 · 로마 건축 양식과 중세 첨탑을 혼합한 새로운 양식으로 교회, 궁전, 저택과 같은 건축물을 지었다. / 지붕을 돔으로 만들었다.

02. 르네상스를 이끈 세 예술가

1. ❶ 아담의 탄생 : 위에서 네 번째 / 아담과 이브의 타락 : 위에서 두 번째 ❷ 그림 중앙에 오른손을 들고 심판을 내리는 예수를 찾아본다. 옆에는 푸른 색 옷을 입은 어머니 마리아가 있다. / 교황이 설교하는 제단 바로 위에 있는 지옥을 찾아본다. ❸ 시스티나 성당에서 천장과 벽을 구분하고 천장에 그린 천장화, 벽에 그린 벽화(최후의 심판), 맨 밑에 있는 제단을 찾아본다.
2. ❶ 인물 : 예수와 제자들, 모나리자 / 배경 : 예수와 모나리자 뒤로 그려진 산과 강 / 그림 속에서 밝고 어두운 명암을 찾아본다. ❷ 예수가 십자가에 달려 죽기 전 마지막 식사를 하며 대화를 나누고 있다. ❸ 모나리자와 자신의 손을 비교해 보며 사람의 손을 정확하게 그린 레오나르도 다빈치 그림의 특징을 이해한다.
3. ❶ 그림 중앙에서 플라톤과 아리스토텔레스, 그림 왼편에서 라파엘로를 찾아본다. 라파엘로는 손으로 하늘을 가리키는 플라톤의 얼굴에 레오나르도 다빈치를, 손바닥을 펴고 있는 아리스토텔레스의 얼굴에 미켈란젤로를 그리고, 철학자들을 응시하는 구경꾼의 얼굴에 자신을 그렸다. ❷ 인간과 이성을 중요시한 그리스 학자들을 그려 신의 권위만 강조하고 인간을 죄인 취급하는 중세 크리스트교를 비판하기 위해서.

03. 신항로를 찾아 떠난 탐험가들

1. ① 오스만 제국 ② 항해지도 ③ 나침반
2. ❶ 지도에 5대양 인도양, 태평양, 대서양, 북극해, 남극해, 6대주 아시아, 아프리카, 유럽, 오세아니아, 남아메리카, 북아메리카를 써 본다. ❷ 콜럼버스 출발지 : 에스파냐, 방향 : 유럽의 서쪽, 바다 : 대서양, 도착지 : 남아메리카 카리브 해 섬, 느낀 점 : 자유롭게 느낀 점을 써 본다. / 바스쿠 다가마 출발지 : 포르투갈, 방향 : 유럽의 동쪽, 바다 : 인도양, 도착지 : 인도 캘리컷, 느낀 점 : 자유롭게 느낀 점을 써본다. ❸ 에스파냐 : 아메리카 대륙 차지 / 포르투갈 : 향신료 항해길 차지

04. 세계에 알려진 아메리카 대륙

1. ❶ 아메리카 대륙을 지리적, 문화적으로 구분해 본다. ❷ 서유럽 앵글로색슨족이 개척한 곳은 앵글로 아메리카라 부르고, 남유럽 포르투갈, 에스파냐가 개척해 라틴 문화가 전해진 곳은 라틴 아메리카로구분한다.
2. 북아메리카 동쪽 : 애팔래치아 산맥, 북아메리카 서쪽 : 로키 산맥 / 리오그란데 강 / 파나마 운하 / 안데스 산맥
3. ❶ 콜럼버스 ❷그림문자 : 마야 문명 / 테오티우아칸 대신전 : 아스텍 문명 / 잉카 문명 : 마추픽추
4. 에스파냐가 아메리카 대륙의 금, 은, 옥수수, 감자, 고구마 등을 유럽으로 가져가고, 아메리카 원주민들은 에스파냐의 가혹한 노동과 유럽에서 전해진 천연두, 홍역 등 전염병으로 죽어 갔다.

2차시 이슬람 문화권 13쪽~

01. 오스만튀르크 제국

1. ❶ 지도에서 발칸 반도와 소아시아를 찾아본다.
   ❷ 셀주크튀르크 ❸ 오스만 베이
2. ❶ 지도에서 오스만 제국과 비잔티움 제국을 영역을 표시하고, 오스만튀르크 제국 영토에 섬처럼 남아 있는 콘스탄티노플를 찾아보고 그 위치를 알아둔다. / 3겹
   ❷ 술탄 메흐메트 2세
   ❸ 비잔티움 제국은 콘스탄티노플 앞바다에 쇠사슬을 쳐서 오스만 제국의 배가 들어오지 못하도록 막았다. 술탄 메흐메트 2세는 배를 산으로 옮겨 콘스탄티노플 앞바다로 들어갔다. / 오스만 제국은 8m 대포를 쏘아 콘스탄티노플을 지키는 3중 성벽을 무너뜨렸다.
3. 지도에 비잔티움 제국의 영토였던 발칸 반도와 소아시아, 메카와 메디나가 있는 아라비아 반도, 동유럽 헝가리, 아프리카 대륙의 이집트와 북부 아프리카를 찾아 표시한다. / 아프리카, 아시아, 유럽

02. 이스탄불, 이슬람 세계의 중심

1. 비잔티움 제국 : 콘스탄티노플 / 오스만 제국 : 이스탄불
2. 이름 : 톱카프 / 지은 사람 : 술탄 메흐메트 2세
3. 돔 : 두 사원 모두 지붕을 돔으로 만들었다. 돔의 수는 술탄 아흐메트 사원이 더 많다. / 미나레트 : 성 소피아 대성당은 미나레트가 4개이고, 술탄 아흐메트 사원은 6개이다. / 아라베스크 무늬 : 성 소피아 대성당은 크리스트교의 모자이크를 회칠로 덮고 아라베스크 무늬가 그려진 둥근 판을 달았다. 술탄 아흐메트 사원은 천장과 벽 전체를 아라베스크 무늬로 장식했다. / 창문 : 두 사원 모두 햇빛이 들어오는 창문을 많이 만들었다. / 조명 : 두 사원 모두 이슬람 예배를 드리기 위해 조명 장치를 달았다.
4. 크리스트교 예배당 / 성 소피아 대성당을 뛰어넘는 훌륭한 모스크를 만들기 위해서

03. 바자르, 동서 교류의 중심

1. 비단길(실크로드)
2. ❶ 지도에서 동쪽 끝 장안과 서쪽 끝 콘스탄티노플을 찾아본다. / 이스탄불은 유럽과 아시아, 아프리카의 교차로에 위치한다.
   ❷ 지도에서 지중해, 흑해, 홍해, 인도양, 실크로드를 표시해 본다.
   홍해와 인도양 : 아라비아, 동남아시아, 인도, 중국 / 지중해 : 유럽, 아프리카 / 흑해 : 중앙아시아
3. 유럽 : 은 / 아라비아 : 양탄자, 커피 / 아프리카 : 보석, 황금 / 중국 : 도자기, 비단, 차 / 인도 : 향신료, 후추, 면직물
4. 커피 / 유럽

04. 송가이 왕국, 아프리카 이슬람 세계

1. ❶ 지도에서 가나 왕국, 말리 왕국, 송가이 왕국이 있는 서아프리카를 찾아본다.
   ❷ 손니 알리
2. ❶ 이슬람 상인들의 아프리카 무역을 허락했다.
   ❷ 소금 / 금/ 노예
3. ❶ 무역활동이 활발해서
   ❷ 사진 속에서 네 면에 나무 기둥이 박혀 있는 모스크를 찾아본다. / 나무, 흙 / 상코레 모스크 / 활발한 무역 활동으로 교역의 중심지가 되어 많은 사람들이 모여들었기 때문에

3차시 인도 · 동남아시아 문화권 23쪽~

01. 인도의 새주인, 무굴 제국(1526~1857)

1. 북인도 : 델리 술탄 왕국, 남인도 : 비자야나가르 왕국
2. 몽골
3.

	영토	전성기 왕	종교
마우리아 제국	인더스, 갠지스 강~ 데칸 고원	아소카 왕	불교
무굴 제국	아프가니스탄 카불, 간다라, 인더스, 갠지스 강~ 데칸 고원	악바르 대제	이슬람교

4. ❶ 아그라 성에서 두 겹으로 둘러싸인 성벽과, 적이 건너오지 못하도록 만든 인공 도랑인 해자, 적의 침입을 감시하는 탑 망루, 성벽에서 적을 공격하는 구멍을 찾아본다.
❷ 직선으로 만들어진 힌두교 양식의 창, 둥근 곡선으로 만들어진 이슬람교 양식의 문을 찾아본다. 광대한 오스만 제국을 통합하기 위해서 힌두교와 이슬람교의 화합이 필요했기 때문에

02. 무굴 제국의 예술, 타지마할

1. 할아버지 악바르 대제가 영토를 확장하고 종교적 관용 정책을 펼쳐 제국을 안정시켰고, 샤자한 황제가 예술적 재능이 뛰어났기 때문에
2. ❶ 22년
❷ 8방향으로 뻗어나가 세계와 소통하는 8각형 건물 : 본체 건물의 8면 / 우주를 상징하는 돔 : 지붕 / 신의 심판 이후 왕비가 다시 돌아올 낙원인 정원 : 본체 건물 앞 정원 / 권위를 나타내는 미나레트 : 본체 옆 네 개의 기둥
❸ 힌두교 양식 : 힌두교 전통의 연꽃 무늬, 지붕을 네 개의 귀퉁이로 만드는 힌두교 건축 양식 / 이슬람 양식 : ㄷ자 모양의 아랍어로 적힌 쿠란, 이슬람 미나레트, 이슬람에서 천국을 의미하는 꽃을 피우는 식물, 빛이 들어오도록 만든 대리석 창

03. 동남아시아 나라들 : 타이와 베트남

1. 아유타야 왕국 : 인도차이나, 말레이 반도
레 왕국 : 인도차이나 반도
2. 아유타야 왕국 : 불교, 레 왕국 : 유교
중앙의 둥근 탑을 찾아본다. 공자
3. 레 왕국 : ① 베트남 ② 호치민 / 아유타야 왕국 : ① 타이 ② 방콕

04. 다양한 문화권의 공존, 믈라카 왕국

1. 동남아시아 , 이슬람 국가, 향신료, 믈라카 해협, 동 · 서 해상 교역 중심지(믈라카 왕국은 동남아시아 믈라카 해협에 위치한 동 · 서 해상 교역 중심지로 향신료 무역을 통해 발전하였고, 이슬람 상인들의 영향을 받아 이슬람 국가가 되었다.)
2. 포르투갈 / 포르투갈, 네덜란드 : 동서 무역을 독점하기 위해서
3. 말레이시아 영토 : 지도에서 말레이 반도와 보르네오 섬을 찾아 표시해본다. / 과거 믈라카 왕국 : 오른쪽 지도에서 믈라카 / 현재 수도 : 쿠알라룸푸르
– ① 말레이시아 ② 쿠알라룸푸르
4. 믈라카 술탄 궁전 : 믈라카 왕국
산티아고 요새 : 포르투갈
캄퐁 클링 이슬람 모스크 : 믈라카 왕국
쳉훈텡 도교 사원 : 중국
스리포가야타 힌두교 사원 : 인도
산 프란시스 자비에르 성당 : 포르투갈

4차시 중국 · 동아시아 문화권 33쪽~

01. 한족의 나라, 명(1368~1644)

1.

	민족	나라	생활방식
오랑캐	몽골족	원나라	유목생활
중화	한족	명나라	농경생활

2. 지도에서 명나라의 최대 영역을 표시하고 북쪽 베이징과 남쪽 난징을 찾아본다. / 강남 지역 / 조선
3. 주원장의 초상화를 보고 자신의 생각을 자유롭게 말해 본다. / 왼쪽 초상화 : 약 30년 간 자신에게 위험하다고 생각하는 사람들을 10만 명이나 죽이고, 황제 독재 체제를 확립했다. / 오른쪽 초상화 : 몽골식 머리 모양과 모자, 옷을 금지하고 농업, 조상, 효 등 한족의 유교 문화를 되살렸다.
4. ❶ 중국 북쪽의 베이징을 찾아본다.
❷ 지도에서 동남아시아, 인도 남부, 아라비아 반도, 아프리카를 표시해 본다.
❸ 세계 여러 지역을 돌며 명나라의 힘을 보여주는 것

02. 동아시아 전쟁, 임진왜란(1592~1598)

1. 조선 : ㉢ / 일본 : ㉡ / 중국 : ㉠
2. ⑤ – ③ – ① – ② – ④
3. 명 : 재정 악화로 북방 여진족을 막아내지 못했다. / 조선 : 경복궁, 불국사 등의 문화재가 불타고 많은 사람들이 죽거나 일본에 끌려갔다. / 일본 : 조선의 도자기 기술자, 성리학자들을 붙잡아 가 일본 문화를 발전시켰다.

03. 자금성의 새 주인, 청(1636~1912)

1. ❶ 나라 : 명나라, 수도 : 베이징 / 하늘의 중심 북극성을 뜻하는 '자', 누구도 함부로 접근할 수 없다는 뜻의 '금' 자를 합쳐 이름을 지었다. / 24명
❷ 새로 만든 것 : 한자와 만주어를 함께 쓴 자금성 건물 현판, 성벽에 아홉 마리 용을 새긴 유리 타일을 만들어 붙였다. 만든 이유 : 청나라 황제의 위엄을 보이기 위해서 / 현판에서 왼쪽 글자는 한자, 오른쪽 글자는 만주어이다. 성벽에서 용을 세어 보면 아홉 마리이다.
❸

	재료	지붕 색깔	계단 층수	기둥 개수	용
자금성	나무, 흙	붉은색	3층	12개	지붕 위
경복궁	나무, 흙	검은색	2층	6개	지붕 위

04. 동아시아 문화권, 새로운 교류

1. ❶ 건국자 : 이성계 / 지도에서 한양의 대략적인 위치를 찾아 점을 찍어 본다.
❷ 중국 : 비단, 약재, 서적, 인삼, 종이, 포목 / 일본 : 인삼, 포목, 쌀, 구리, 은, 유황
2. ❶ 청나라 황제 / 출발지 : 한양, 도착지 : 중국 베이징
❷ 세계지도, 천체 관측기, 망원경 등 서양의 과학기술
3. ❶ 지도에서 일본 에도를 찾아본다.
❷ 조선통신사
❸ 조선 : 글씨, 인삼, 붓, 먹, 약, 춤, 악기 등 / 일본 : 고구마, 고추, 토마토, 구리 등
❹ 네덜란드 / 나가사키 항구에 부채꼴 모양의 인공 섬을 찾아본다. / 조선술, 지도 제작법, 의학 등 서양 학문